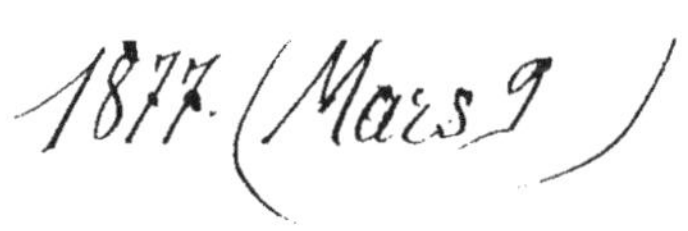

TABLEAUX

ANCIENS ET MODERNES

DE LA COLLECTION

De feu le Dr ISAMBERT

ET

TABLEAUX

DE L'ÉCOLE FRANÇAISE

DONT L'UN REPRÉSENTE

LA MARQUISE DE POMPADOUR

PAR NATTIER

La vente de la collection de feu le docteur Isambert, faite le vendredi 9 mars, par Me Escribe et M. Haro, a produit un total de plus de [illegible] francs.

Il y avait un public d'élite, nombreux, et, notamment, beaucoup de médecins ; M. le docteur Liouville et M. Chiris, députés, y assistaient, ainsi que M. le président Grévy qui a acheté un joli paysage italien de J. Asselyn.

Le portrait de Martin Luther, par Cranach, a été payé 1,6[illegible] fr. par M. Louvet ; *Vénus et l'Amour*, du même, 555 fr. par M. Dalifas ; *l'Hôpital Saint-Job*, à Utrecht, de [illegible], 580 fr. par M. le docteur Liouville.

Le Jeune écolier, de Decamps, s'est vendu 1,300 fr. ; le beau portrait de M. de Saint-[illegible], par Largillière, 2,500 fr. ; *l'Adoration [illegible]*, école de Quentin [illegible], 1,350 fr. ; le portrait de la marquise de Pompadour, par Nattier, 6,500 fr. ; le portrait d'une courtisane, école de Rembrandt, 1,000 fr., adjugé à M. Chiris ; un intérieur de cuisine, par Zorg, 1,350 fr.

Me [illegible]

COMMIS[illegible] [illegible]RT

6, ru[illegible] [illegible]naparte, 20

TABLEAUX
ANCIENS ET MODERNES

DE LA COLLECTION

De feu le Dr ISAMBERT

ET

TABLEAUX
DE L'ÉCOLE FRANÇAISE

DONT L'UN REPRÉSENTE

LA MARQUISE DE POMPADOUR
PAR NATTIER

VENTE HOTEL DROUOT, SALLE N° 8

Le Vendredi 9 Mars 1877

A 2 HEURES 1/2

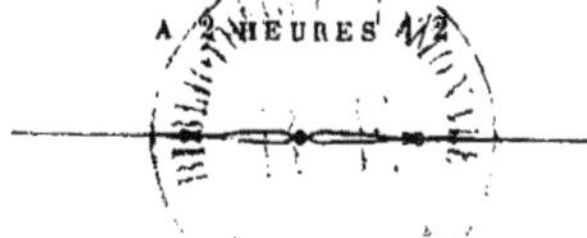

EXPOSITIONS

PARTICULIÈRE	PUBLIQUE
Le Mercredi 7 Mars 1877	Le Jeudi 8 Mars 1877

Me ESCRIBE	M. HARO ✻
COMMISSAIRE-PRISEUR	PEINTRE-EXPERT
6, rue du Hanovre, 6	14, rue Visconti, et rue Bonaparte, 20

Chez lesquels se distribue le Catalogue

CONDITIONS DE LA VENTE

Elle sera faite au comptant.

Les acquéreurs payeront 5 pour 100 en sus des adjudications.

CE CATALOGUE SE DISTRIBUE

A PARIS CHEZ

Me ESCRIBE	Me HARO ✲
COMMISSAIRE-PRISEUR	PEINTRE-EXPERT
6, rue du Hanovre, 6	14, rue Visconti, et rue Bonaparte. 20

Le nom du docteur Émile Isambert éveille dans l'esprit de précieux souvenirs d'une vie honorable partagée entre la science et l'art.

Fils d'un jurisconsulte éminent, Émile Isambert a cherché sa voie en dehors des études du droit.

S'étant d'abord appliqué à la chimie, il y puisa cet amour des sciences naturelles qu'il a si heureusement développé, et devenu bientôt attaché d'ambassade, il prit aussi le goût des voyages, parce qu'il y vit le meilleur moyen d'étudier les questions d'art qu'il était jaloux de connaître. Il parcourut une partie de l'Allemagne et presque toute l'Italie. Le sens esthétique qu'il avait reçu de la nature s'affina, pour ainsi dire, au contact des chefs-d'œuvre qu'il étudiait avec un zèle enthousiaste. Doué d'une nature ardente, infatigable, il suivit dès les premières années de sa jeunesse la double voie qu'il devait parcourir tour à tour et à ce labeur il a épuisé ses forces. Médecin, géographe, critique d'art, il mêlait les voyages aux concours, l'art à la science, les études sur les primitifs à ses recherches sur le chlorate de potasse, les travaux laryngoscopiques à la lecture des hiéroglyphes; car il avait toutes les curiosités et toutes les aptitudes.

De plus autorisés parleront de sa vie médicale, de son dévouement professionnel, de ses travaux comme professeur agrégé à la Faculté de médecine et comme médecin des hôpitaux de Paris; titres dus à de brillants concours.

Ses recherches ethnographiques et géographiques dont il a consigné les résultats dans son guide en Orient sont une autre preuve de cette existence si bien remplie et si studieuse.

Pour nous, qui avons toujours vécu dans son intimité, bien que l'amitié dût nous entraîner à prolonger cet éloge, nous devons nous arrêter en nous bornant à signaler au public son intéressante collection.

HARO.

DÉSIGNATION

ANGELICO (Giovanni fra di Fiesole)

(Attribué à)

1. — Jésus et les Docteurs.

Le Denier de César.

B. — H., 0^m,25. L., 0^m,22.

ANDRÉ DEL SARTE

(École de)

2. — Le Christ mort, soutenu par Joseph d'Arimathie au moment de l'ensevelissement.

B. — H., 0^m,77. L., 0^m,60.

ASSELYN (Jean)

3. — Paysage italien. Vue prise aux bords du Tibre.

T. — H., 1^m,00. L., 1^m,35.

BACKHUYSEN (LUDOFF)

4. — Entrée du port de Flessingue.

Vue prise par un gros temps.

Signé à droite sur une épave : L. B.

T. — H., 0m,59. L., 0m,86.

BAROCCI (FEDERIGO)

5. — Décollation de saint Jean.

T. — H., 0m,64. L., 0m,49.

BARTOLOMEO (FRA)

(École de)

6. — La Madeleine au pied de la Croix.

B. — H., 0m,27. L., 0m,40.

BERGHEN (DIRCK. VAN)

7. — Le Retour du marché.

Paysage avec figures. Effet de soleil couchant.

B. — H., 0m, 33. L., 0m,46.

BOUCHER (François)

?

8. — Vénus.

La déesse, assise à demi-vêtue, a près d'elle deux colombes.

Ancienne collection de M. Verdier de Bordeaux.

T. — H., 0m,70. L., 0m,57.

BOSCH (Jérôme)

Peintre, sculpteur et graveur, né à Bois-le-Duc en 1450.

9. — L'Adoration des Mages.

B. — H., 1m,28. L., 0m,72.

BREUGHEL (de Velours)

10. — Paysage et vue d'une ville incendiée, petites figures peintes avec la finesse d'une miniature.

C. — H., 0m,18. L., 0m,25.

BREKELENKAMP (Quiryn van)

11. — Le Médecin empirique.

B. — H., 0m,31. L., 0m, 25.

BRIL (A.)

12. — L'Ermitage.

Anachorète dans une grotte, à gauche, fond de paysage. Signé à droite sur un tronc d'arbre : A. Bril, et daté : 1596.

C. — H., 0^{m},16. L., 0^{m},23.

BRIL (Paul)

(Attribué à)

13. — Le Bon Samaritain.

B. — H., 0^{m},23. L., 0^{m},34.

CASTIGLIONE (Benedetto)

14. — Offrande au dieu Pan.

Pâtres, satyres et animaux.

Forme ronde. — 0^{m},27.

CRANACH (Lucas Sunder)

Dit le Vieux.

15. — Léda (d'après Léonard de Vinci).

(Collection Demidoff)

B. — H., 0^{m},50. L., 0^{m},38.

CRANACH (Lucas Sunder)

(Le Vieux)

16. — Portrait de Martin Luther.

Il est représenté grandeur naturelle, vu à mi-corps, montrant au spectateur un livre ouvert sur lequel on lit en allemand la première épître à Timothée.

Ce peintre, un des plus grands artistes que l'Allemagne ait produit fut un des premiers adeptes de la doctrine de Luther, dont il partagea volontairement la captivité, et ce qui rend ce portrait doublement précieux, c'est que les changements, les repentirs indiquent qu'il a été peint d'après nature.

Signé du Dragon et daté : 1539.

B. — Haut. $0^m,82$. Larg. $0^m,62$.

CRANACH (Lucas Sunder)

17. — Vénus et l'Amour.

En haut, on lit le distique suivant :

Oceani quondam spumis Venus orta ferebat,
Nunc spumis, Luca, Vino renata tuis.

B. — H., $1^m,00$. L., $0^m,37$.

CRANACH (Luc Sunder)

18. — Lucrèce.

B. — H., $0^m,45$. L., $0^m,24$.

CRANACH (Luc Sunder)

(Le Jeune)

19. — Lucrèce.

B. — H., 0^m,28. L., 0^m,22.

CERQUOZZI (Michel-Ange des Batailles)

20. — Raisins, pêches, pastèques et fruits divers.

T. — H., 0^m,86. L., 0^m,96.

COQUES (Gonzalès)

21. — Portrait d'homme.

Ovale, B. — H., 0^m,14. L., 0^m,11.

DELACROIX (Eugène)

22. — Notre-Dame des Douleurs.

Esquisse du premier tableau exécuté par Eugène Delacroix dans sa jeunesse, pour la chapelle des Dames du Sacré-Cœur à Nantes.

Provient de la vente d'Eugène Delacroix sous le n° 133.

T. — H., 0^m,40. L., 0^m,27.

DELACROIX (Eugène)

23. — La Montée au Calvaire.

D'après le tableau de Rubens qui est au musée de Bruxelles.

Provient de la vente d'Eugène Delacroix. N° 165 du Catalogue.

T. — H., 0m,58. L., 0m,40.

DELACROIX (Eugène)

24. — Le Sabbat de Faust dans la vallée de Valpurgis.

Esquisse provenant de la vente d'Eugène Delacroix. N° 142 du Catalogue.

T. — H., 0m,33. L., 0m,40.

DELACROIX (Eugène)

25. — Bacchante couchée.

Esquisse provenant de la vente d'Eugène Delacroix. Sous le n° 128.

T. — H., 0m,36. L., 0m,45.

DERELLE

26. — Jeune Femme jouant de la cornemuse.

Signé à gauche et daté : 1769.

T. — H., 0m,61. L., 0m,50.

DOMINIQUIN

(École de)

27. — Saint-Jean évangéliste.

T. — H., 0m,33. L., 0m,20.

DURER (Albert)

(École de)

28. — Adam.

B. — H., 0m,35. L., 0m,22.

DURER (Albert)

(École de)

29. — Ève.

B. — H., 0m,35. L., 0m,22.

DUGHET (Gaspard)

30. — Paysage avec figures.

Vue prise en Italie.

T. — H., 0m,32. L., 0m,40.

DROOGSLOOT

31. — L'Hôpital Saint-Job à Utrecht.

Doyen de la corporation de Saint-Luc à Utrecht, il fut aussi régent de l'hôpital Saint-Job.

Dans le premier plan, à gauche, un groupe de malheureux estropiés attendent leur tour pour entrer à l'hôpital, d'autres se pressent pour arriver à temps à la distribution des secours.

T. — H., 0^{m},79. L., 1^{m},40.

DROUAIS (LE FILS)

32. — Le jeune Écolier.

Il est représenté assis devant une table, jouant avec une colombe qu'il retient prisonnière, au lieu de faire ses devoirs. Figure mutine et espiègle. Ancienne collection de M. Verdier de Bordeaux.

T. — H., 0^{m},70. L., 0^{m},58.

FRAGONARD

(D'après)

33. — Le Verrou.

Cette peinture a été attribuée à Challe.

T. — H., 0^{m},46. L., 0^{m},54.

FRANCK

34. — Combat des Amazones aux bords du Thermodon.

Variante du tableau du Musée de Munich.

B. — H., 0^{m},61. L., 1^{m},03.

FRANCK (Dominique)

35. — Concert des Anges. Adoration de la Sainte Famille par les Anges et les Séraphins.

Signé à gauche.

C. — H., 0m,63. L., 0m,51.

GÉRICAULT (Théodore)

36. — Parabole du Diable semant l'ivraie pendant le sommeil des travailleurs.

Cette copie faite par Géricault, d'après le Tintoret, a été achetée, à sa vente, par Eug. Delacroix.

Provient de la vente d'Eug. Delacroix, où il était désigné sous le titre « Le Sommeil des Apôtres, d'après le Titien », sous le n° 228.

B. — H., 0m,78. L., 0m,57.

GRUND (Norbert)

37. — Les Saltimbanques, scène villageoise.

B. — H., 0m,34. L., 0m,53.

GRUND (Norbert)

38. — Foire de Village, pendant du précédent.

B. — H., 0m,34. L., 0m,53.

HEEMSKERK (Egbert Van)

39. — Scène de Cabaret.

Ce peintre avait l'habitude d'introduire son propre portrait dans les scènes burlesques qu'il aimait à reproduire.

Signé du monogramme.

B. — H., 0^m,56. L., 0^m,82.

KEERINCKX (Alexandre)

40. — Le Grand Chêne dans la Forêt.

Les ouvrages de ce maître sont assez rares. Il se distingua par la finesse des lointains et les feuillages qu'il exécuta avec une grande perfection.

Signé.

B. — H., 1^m,05. L., 1^m,21.

LANCRET

(École de)

41. — Les Bergers galants, pastorale.

T. — H., 0^m,42. L., 0^m,70.

LANTARA

42. — Le Lac, effet de clair de Lune.

B. — H., 0^m,16. L., 0^m,24.

LANTARA

43. — Paysage, effet de clair de lune.

B. — H., 0m,18, L., 0m,24.

LARGILLIÈRE (Nicolas)

44. — Portrait de Saint-Florentin (Phélypeaux, comte de).

Né en 1705 et mort en 1777, il fut créé duc de la Vrillière, membre de l'Académie des sciences, ministre d'État sous Louis XV, il fut l'adversaire déclaré de Choiseul, lui succéda au département des affaires étrangères et joua un rôle très-important dans les intrigues des favorites royales.

Il a laissé son nom à une rue de Paris, où il avait un superbe hôtel, habité plus tard par Talleyrand et l'empereur Alexandre.

Il est représenté assis et écrivant. Dans le fond une bibliothèque, à droite une porte entr'ouverte laissant voir la campagne. Charmant intérieur et riches accessoires peints avec beaucoup d'esprit et de finesse.

T. — H. 0m,59. L. 0m,78.

LEBRUN (Charles)

45. — Entrée d'Alexandre dans Babylone.

Esquisse.

P. — H., 0m,52. L., 0m,85.

MAAS

46. — Le Prêche.

Intérieur d'un temple protestant.
Signé en bas d'un pilier E. Maas.

B. — H., 0m,46. L., 0m,39

MATSYS (Quintin)

(École de)

47. — Adoration du Christ mort avant l'ensevelissement.

B. — H., 0^m,56. L., 0^m,44.

MIEL (Jean)

48. — Paysans Italiens et Bohémiens près d'une hôtellerie.

T. — H., 0^m,65. L., 0^m,85.

MIÉRIS (Guillaume)

49. — Suzanne surprise par les vieillards.

Signé à gauche et daté 1707.

B. — H., 0^m,36. L. 0^m,31.

MOLENAER (Jean)

50. — Musiciens, intérieur flamand.

B. — H., 0^m,38. L. 0^m,55.

NATTIER (Jean-Marc)

51. — Portrait de la Marquise de Pompadour.

Cette femme remarquable par sa beauté fut longtemps en France l'arbitre du goût et de la mode.

Ameublements, habillements, coiffures, tout rappelait la Pompadour. Elle a donné son nom à un style qui est surtout caractérisé par la recherche du joli dans l'ornementation. Elle cultivait elle-même les Arts avec succès, notamment la musique, le dessin et la gravure.

Jamais Nattier ne fut mieux inspiré. Ce portrait est un des morceaux les plus rares et les plus séduisants de l'École Française.

La Marquise est représentée en Diane chasseresse. Elle est assise et de grandeur naturelle. Vue de face, les seins presque découverts, elle regarde le spectateur et tient un arc de la main gauche. En la voyant on se rappelle involontairement le quatrain suivant qui se trouve en bas d'une gravure du temps :

Avec des traits si doux, l'amour en la formant
Lui fit un cœur si vrai, si tendre et si fidèle
Que l'amitié crut bonnement
Qu'il la faisait exprès pour elle.

Cette œuvre fait comprendre le titre de peintre des Grâces que ses contemperains donnaient à Nattier.

Conservation exceptionnelle sous les vieux vernis.

T. — H., 1m,00. L., 0m,80.

Nota. — Le portrait de Mme de Pompadour ornait le château de Ménars, près de Blois; elle l'avait donné à son frère M. de Marigny.

NEER (Eglon van der)

52. — Le Joueur de Violon.

B. — H., $0^{m},17$. L., $0^{m},15$.

NEEFS (Peter)

53. — Intérieur d'Église.

Ce petit tableau a été également attribué à Steinweyck.

B. — H., $0^{m},31$. L., $0^{m},45$.

PARROCEL

54. — Combat de Cavaliers.

T. — H., $0^{m},29$. L., $0^{m},48$.

PARROCEL

55. — Combat de Cavaliers, pendant du précédent.

T. — H., $0^{m},29$. L., $0^{m},46$.

REMBRANDT (Van Ryn)

(École de)

56. — Portrait d'une Courtisane.

La tête est peinte très-largement et la physionomie pleine de vivacité.

T. — H., 0m,77. L., 0m,63.

RUYSDAEL (Salomon)

57. — Marine.

Mer légèrement agitée avec barques et navires, dans le fond les bords de l'Escaut.

H., 0m,40. L., 0m,36.

RUYSDAEL (Salomon)

58. — Marine.

Pendant du précédant.

H., 0m,40. L., 0m,36.

SCHOPIN

59. — Roméo et Juliette.

T. — H., 0m,46. L., 0m,30.

Nota. — Horace Vernet a traité les mêmes sujets dans sa jeunesse, ainsi que Schopin, pour M. Fould.

STEEN (Jean)

60. — Fumeur.

Nous avons laissé l'ancienne désignation; ce petit tableau était catalogué comme étant de Steen; il porte en bas, à gauche, une autre signature avec une date.

B. — H., 0^m,15. L., 0^m,13.

TENIERS (David)

61. — La Fileuse.

Signé à gauche.

B. Ovale. — H., 0^m,33. L., 0^m25.

WYCK (Thomas)

62. — L'Alchimiste.

Il est représenté dans son laboratoire, assis près d'une fenêtre et lisant. Des alambics, des cornues, de nombreux accessoires finement peints remplissent cet intérieur à l'aspect cabalistique. Derrière le tableau, il y a une vieille note presque illisible, qui mentionne avec force détails l'achat de ce tableau en 1760.

T. — H., 0^m,39. L., 0^m,34.

ZORG

63. — Intérieur de Cuisine.

T. — H., 0m,47. L., 0m,38.

64. — Sous ce numéro les tableaux non catalogués.

PARIS. — Impr. J. CLAYE. — A. QUANTIN et Cᵉ, rue Saint-Benoît. — [814]

www.ingramcontent.com/pod-product-compliance
Ingram Content Group UK Ltd.
Pitfield, Milton Keynes, MK11 3LW, UK
UKHW020542180726
13839UKWH00006B/2665

9 782329 498157